AF260146

STATISTIQUE

DE LA PARTIE ESPAGNOLE

DE SAINT-DOMINGUE.

PAR LE C. LYONNET.

~~~~~~~~~

A PARIS,

DE L'IMPRIMERIE DE GIGUET ET MICHAUD,

RUE DES BONS-ENFANS, N°. 6.

1800. — 10.
~~~~~~~~~

AVERTISSEMENT.

Depuis dix ans les colonies avoient échappé à l'attention de la métropole. Aux prises avec les événemens de la révolution, le gouvernement français n'avoit pu porter ses vues sur ces contrées lointaines ; mais la paix a enfin rendu à la France ces riches possessions, et le gouvernement actuel s'occuppe de les utiliser. Toutes les mesures ont été prises pour en assurer le salut et la prospérité. La partie française de Saint-Domingue est connue ; plusieurs écrivains, plusieurs administrateurs ont publié des ouvrages lumineux sur cette colonie ; mais la partie espagnole, qui est une possession nouvelle pour la France, ne l'étoit que très – superficiellement. Y ayant été envoyé deux fois par le ministère de la marine, en qualité d'agent forestier, cette mission et l'avantage de parler la langue espagnole, m'ont mis dans le cas de parcourir ce pays dans toute son étendue, et de compléter les connoissances que j'avois acquises dans un voyage antérieur à la révolution. C'est le résultat de mes observations que je donne au public.

STATISTIQUE

DE LA PARTIE ESPAGNOLE

DE SAINT-DOMINGUE.

CHAPITRE PREMIER.

§ PREMIER.

La partie espagnole de Saint-Domingue est placée entre le 17e. degré 50 minutes et le 20e. de latitude septentrionale.

Sa longitude occidentale, méridien de Paris, s'étend depuis le 71e. jusqu'au 75e. degré. En lui assignant environ quatre - vingts lieues (1) dans la plus grande longueur, sur une hauteur qui varie de soixante jusqu'à quarante, on peut établir qu'elle a près de trois mille deux cents lieues quarrées.

(1) Deux lieues anciennes, mesure de Paris, équivalent à un myriamètre.

PARAGRAPHE II.

Sol.

Le sol se divise en montagnes primitives et secondaires, en vallons et en plaines.

Les montagnes primitives dont la base se compose de granit et de quartz, sont le Cibao, la chaîne de Monte-Christ, et la chaîne appelée montagne du centre.

De ces montagnes qui paroissent avoir été presqu'entièrement sous les eaux, ont été formées un très-grand nombre de montagnes secondaires, par l'effet des volcans, des tremblemens de terre, et la retraite des eaux dans leur bassin.

Les montagnes secondaires de deuxième formation, participent en général de la nature de celles qui leur ont donné naissance. Sur les écores des torrens et le lit des rivières qui les ont sillonnés, à une très-grande profondeur, on trouve des pierres calcaires, des rochers granitiques, quartzeux, schisteux, et presque par-tout des paillettes de minéraux plus ou moins riches. Il en est aussi qui ne sont qu'une aglutination de diverses terres connues sous le nom de galets. Ces galets récèlent dans leur sein des grains d'or et des paillettes. On y trouve encore des pétrifications de toute espèce. Ces richesses y ont été jetées par les secousses des volcans, dans le moment de leur séparation du corps principal. On voit encore aujourd'hui les puits que creusoient les Indiens, pour en extraire la terre orifère qu'ils alloient laver dans le ruisseau le plus prochain.

La direction des principales montagnes de Cibao et de Monte-Christ va de l'est à l'ouest. Elles laissent un espace de terrain de soixante et dix lieues de longueur, sur une largeur de cinq à huit. Plusieurs contreforts partis du Cibao, s'étendent néanmoins dans tous les points de la colonie, et avancent même très près de la mer, du côté de la baie d'*Ocoa*. Dans les trois mille deux cents lieues quarrées que nous avons données de surface à la partie espagnole, il y en a environ cinq cents en montagnes. Elles sont, en général, propres à toutes les cultures qui se pratiquent sur les mornes des Antilles. On pourroit y réunir une partie de celles qui ont lieu en Europe. Le terrain dispute souvent de profondeur et de bonté avec celui des plaines.

Les vallons sont nombreux, bien arrosés et très-propres à la culture, et à l'éducation du bétail.

§ III.

Plaines et rivières.

Une très-grande partie des plaines avoisine la mer dans tout le demi-cercle qu'elle décrit autour de cette colonie. Il y en a d'autres qui se trouvent encaissées dans les contreforts du Cibao et des mornes du centre.

Quoique les plaines de la partie espagnole soient susceptibles de recevoir toutes les cultures qui ont lieu dans les plaines des autres colonies, il ne s'ensuit pas que l'on puisse espérer par-tout une récolte uniforme, parce que le terrain est très-varié ; et que, participant des couches des montagnes primitives, il offre tantôt une terre noire et féconde, propre à la canne à sucre, tantôt un terrain sabloneux, propre à l'indigo, et ensuite un sol rocailleux où se plaît le coton.

Comme le meilleur moyen de les juger, est d'indiquer en même - tems les rivières principales qui les traversent, et les mornes qui les dominent, je commencerai par le Bahoruco, et après avoir parcouru les bords de la mer, je parlerai de l'intérieur de l'île. Je ne crains pas d'avancer qu'il n'y a aucun pays aussi bien arrosé. Ce bienfait est dû au grand nombre de montagnes , d'où coulent en tout sens des sources abondantes , qui , par leur réunion , forment plusieurs rivières.

Bahoruco.

Le Bahoruco, qui n'est qu'un prolongement de la montagne de la Selle , donne naissance à la rivière des Pedernales. Cette rivière séparoit autrefois la partie française de la partie espagnole. Les mornes de ces cantons sont très-fertiles , et on établiroit deux cents habitations dans cette plaine qui n'a ni bourg , ni habitans. Les nègres du Maniel s'y rendent pour y abattre des bois qu'ils vendent aux caboteurs.

Neybe.

La rivière de Neybe prend sa source dans les montagnes du Centre. Après avoir reçu vingt rivières qui arrosent une plaine de quatre-vingts lieues quarrées, elle forme à son embouchure un petit port qui deviendroit très-avantageux, si l'on réunissoit une partie de ses eaux dans un seul lit. Alors les bateaux pourroient remonter jusqu'au petit Yaqui. La population du territoire et celle du bourg qui est situé entre la rivière et l'étang Henriquille, ne s'élève pas à plus de quatre mille ames.

Azua.

Après la plaine de Neybe, et en avançant à l'est, on trouve celle d'Azua, qui n'est arrosée que par des rivières secondaires. On y récoltoit autrefois une immense quantité de sucre. Aujourd'hui elle est presque sans culture. Le bourg est composé d'environ deux cent quatre-vingts maisons, et la population totale de cet arrondissement s'élève à environ cinq mille ames.

Bany.

La plaine de Bany qui peut avoir

quatre-vingts lieues quarrées, est entourée en grande partie par des mornes fertiles qui donnent naissance à plusieurs rivières. La principale est le Nisao, qui vient des montagnes du Centre ; on voyoit autrefois sur ses bords de riches habitations. Le bourg de Bany est situé au milieu d'une belle savane. On compte dans toute l'étendue de la paroisse environ deux mille quatre cents ames.

Au-delà du Nisao est une chaîne de mornes coupés par des plaines bien arrosées. La Nigua est célèbre à cause des beaux établissemens qui étoient sur ses bords, et notamment ses belles sucreries. Près de l'habitation Boruga est un rocher d'où sort un volume d'eau de vingt pouces de diamêtre. Ce fut-là que s'établirent les premiers moulins à sucre.

Entre la Nigua et la Jayna est une plaine autrefois cultivée, mais aujourd'hui couverte de bois. C'est au nord de la Jayna qu'étoient les mines d'or de Saint-Christophe.

Plaine de Santo-Domingo.

La plaine de Santo-Domingo est arrosée par les rivières d'Isabelle et d'Ozama, qui, après en avoir reçu dans leur cours d'autres moins considérables, forment, par leur jonction au-dessus de la ville, le port de Santo-Domingo.

Le terrain qui est entre la Jayna et l'Ozama, est généralement uni, bien arrosé, et propre à toutes les cultures. On trouve, depuis le Nisao jusqu'à Santo-Domingo, plusieurs sucreries en grand, et quelques tourniquets pour faire du sirop.

Le port dont je viens de parler, est sûr et commode. Il offre des carénages sans nombre. La ville, qui est bâtie en amphithéâtre sur le port et sur la rade, a des rues larges et bien percées. Une muraille haute et épaisse en forme l'enceinte.

On compte dans tout l'arrondissement environ dix-huit mille ames.

Bayaguana, Seybo et Higuey.

A l'est de l'Ozama commence une plaine arrosée par les rivières de *Macoris*, de *Soco*, de *Comoyazu*, de la *Romaine* et de *Higuey*, qui toutes offrent un port plus ou moins grand. Il n'existe aucune culture sur leurs bords.

Le village de Seybo est placé au milieu de cette plaine, qui a vingt-cinq lieues de longueur, sur douze de largeur ; celui de Bayaguana avoisine les mornes de *Monte-Plata*, tandis que le troisième est le plus oriental de toute l'île sur le Higuey qui lui donne son nom.

La population de ces trois établissemens, en y comprenant même Boya et Monte-Plata, est d'environ six mille ames.

Samana - la - Mar.

La plaine de Samana-la-Mar, située

entre la montagne Ronde et un prolongement de la seconde chaîne, peut avoir
quarante lieues quarrées. Neuf rivières
divisent cette plaine, et vont ensuite se
jeter dans la baie de Samana. La population d'un établissement connu sous le
même nom que celui de la plaine, ainsi
que celle du bourg de Samana, placé
dans la presqu'île, au nord de la baie,
n'est que de sept cents personnes.

Plaines du Nord.

Depuis la baie écossaise jusqu'au-
delà de l'Isabelique, on parcourt une
plaine de vingt-cinq lieues de longueur,
qu'arrosent les rivières et les ravines
de la chaîne de Monte - Christ. Cette
plaine est sans culture, si l'on en excepte quelques foibles tentatives, com-
mencées dans les environs de Puerto-
Plata et de l'Isabelique. Le bourg de
de Puerto-Plata est le seul que l'on y
trouve. Il y a néanmoins des établisse-

mens isolés le long de la côte. On peut évaluer la population de cette côte à trois mille cinq cents individus.

Cotuy.

Après avoir parcouru succinctement les plaines qui avoisinent la mer, je viens à celles qui sont situées dans l'intérieur de la colonie.

Le territoire du Cotuy, qui a pour limites les montagnes de Sevico, la baie de Samana, la chaîne de Monte-Christ et le territoire de la Vega, est arrosé par l'Yuna. Cette rivière, la plus belle de l'île, est navigable depuis le bourg jusqu'à la mer. La population de tout l'arrondissement s'élève à huit mille ames.

Vega.

La plaine de la Vega, limitée au nord par la chaîne de Monte-Christ, et au sud par le Cibao, est arrosée par le Camu qui se jette dans l'Yuna. La fertilité de son sol ne cède à aucun autre. On peut regarder le bourg de la Vega comme la troisième ville de la colonie, et fixer la population de tout le canton à neuf mille ames.

Sant-Yago.

Le territoire de Sant-Yago, borné par la chaîne de Monte-Christ et le Cibao, s'étend depuis celui de la Vega jusqu'aux plaines de Monte-Christ et de Laxavon. Il est arrosé par l'Yaqui qui baigne les murs de la ville, et par plusieurs autres rivières qui viennent du Cibao. Une partie de son sol est aride, sur-tout cet espace que l'on parcourt sur la rive droite de l'Yaqui, pour se rendre à Monte-Christ. La population de la ville de Sant-Yago et de son district, s'élève à vingt-cinq mille habitans de tout sexe et de tout âge.

Le voisinage de Monte-Christ, si l'on en excepte les bords de l'Yaqui, sont stériles. On tireroit meilleur parti de celui de Laxavon.

La population de ces deux cantons est de douze cents individus.

Saint-Raphaël, Goave, Guaba, Hinche.

En partant des gorges de Saint - Raphaël jusqu'à l'endroit où l'Artibonite entre dans la partie française, et en suivant encore depuis les mêmes gorges de Saint-Raphaël, le revers de la première chaîne du Cibao, on décrit les deux tiers du cercle d'une plaine très-vaste où sont fixées quatre peuplades. Leur population s'élevoit avant la révolution à douze mille individus. Quoique l'élévation du sol soit de cinq cents toises au-dessus du niveau de la mer, cette plaine est parfaitement arrosée.

Banique, Saint-Jean.

Le territoire de ces deux districts

est fréquemment dominé par plusieurs embranchemens du Cibao, qui y versent une grande abondance d'eau.

La rivière de l'Artibonite traverse celui Banique, et celle de Neybe parcourt celui de Saint-Jean. La population actuelle ne s'élève pas au-delà de sept mille ames. Avant la guerre, elle étoit de plus de onze mille.

Vallée de Constance.

Presqu'au sommet d'une montagne et vis-à-vis de la Vega et de Sant-Yago, se trouve la vallée de Constance. Elle est arrosée par plusieurs ruisseaux, et habitée aujourd'hui.

Étangs.

Dans le voisinage du bourg de Neybe, on trouve deux étangs. Celui que l'on nomme Henriquille, du nom d'un Cacique qui se réfugia dans une petite place qui se trouve placé au milieu, à vingt-deux lieues de tour. Cette petite île possède une source d'eau douce, tandis que les eaux de l'étang sont saumâtres.

A une grande lieue, au sud de cet étang, on en voit un autre appelé l'E-tang Doux. Les eaux en sont douces, et le poisson y est abondant.

Dans le nord-ouest de l'étang Henriquille, s'en trouve un troisième. Les Français l'appèlent étang saumâtre, à cause du goût âcre de ses eaux. L'analogie des eaux de ces deux étangs avec celles de la mer, porteroit à croire qu'ils ont quelque communication avec elle. Cependant, comme il existe une grande masse de sel fossile dans le territoire de Neybe, il est aussi probable qu'il y en a une ramification qui avance jusqu'à ces lacs.

Aqueducs, fontaines.

Comme les sources sont très - communes, les habitans ne se sont aucunement occupés de la construction des aqueducs et des fontaines.

Il existoit néanmoins autrefois divers aqueducs qui conduisoient les eaux du rocher de la Nigua sur diverses habitations. Ovando en avoit commencé un pour amener celles de la Jayna, à Santo-Domingo : il n'a pas été achevé. Le besoin de bonne eau pour les habitans de cette ville, fait vivement desirer que l'on reprenne ce travail.

Eaux minérales.

On trouve des eaux minérales à Azua et à Banique. Celles d'Azua, sont sulfureuses. Quant à celles de Banique, elles sont extrêmement savoneuses, pénétrantes et fondantes. On a trouvé qu'elles convenoient aux maladies de langueur, aux fièvres intermittentes, aux obstructions, au scorbut, aux affections de l'estomac, dans les vapeurs, les rhumatismes froids, et la paralysie.

Température.

Mille circonstances locales , telles que l'élévation du terrain , la quantité des eaux et l'abondance des bois ont une influence sensible sur les effets du climat.

La colonie Espagnole , dont une partie de la surface est en montagnes , et l'autre en plaines , qui est couverte de forêts , et arrosée par une foule innombrable de rivières , doit donc éprouver une grande variation dans sa température. Ainsi , les chaleurs doivent être plus fortes dans le voisinage de la mer , que sur les mornes secondaires , et l'action du soleil doit encore agir plus vivement sur ces montagnes secondaires, que sur celles qui tiennent le premier rang par leur élévation.

Placée d'ailleurs dans la région des vents alisés , et ses montagnes ayant leur principale direction du levant au couchant , elle est rafraîchie par les vents d'est qui soufflent régulièrement. Quoique Saint-Domingue soit par-tout habitable , le séjour des mornes a néanmoins quelque chose de plus riant. Là , les matinées sont fraîches , les soirées agréables , et les nuits délicieuses. On n'y connoît que deux saisons ; la saison des pluies et la saison sèche. Encore n'ont-elles pas lieu à la même époque dans toute l'île. Les pluies tombent ordinairemeut avec une telle abondance , qu'elles font déborder en un instant les rivières , et qu'elles entraînent souvent la surface des terres végétales.

C'est à l'humidité dont l'air est imprégné , qu'il faut attribuer la facilité avec laquelle le fer se charge de rouille, et l'apparence terne qu'ont les métaux les plus polis. On voit rarement de la grèle à Saint - Domingue ; et s'il en tombe, elle ne dure que quelques minutes.

S'il ne neige pas au sommet des hautes montagnes, il y a néanmoins de fréquentes gelées blanches, qui produisent une légère pellicule à la surface de l'eau.

Ouragans.

Les ouragans ne se font sentir aux Antilles, que depuis le 15 juillet jusqu'à la fin d'octobre. Ceux que l'on éprouve dans le sud sont plus violens que ceux qui affligent le nord. Dans ces momens terribles, tous les élémens paroissent vouloir se confondre, et replonger l'univers dans le néant. Aussitôt que ce fléau a cessé, la nature reprend sa première beauté, et semble même s'être rajeunie.

Productions spontanées.

Aucun pays du monde ne réunit une plus grande quantité, ni une plus grande variété de mines. La nature n'a rien laissé à desirer dans le règne minéral.

A côté de l'or et de l'argent se trouve le fer et le cuivre. Par-tout la terre recèle des trésors. Du côté de Sant-Yago, et dans un des contreforts du Cibao, est une montagne d'aimant. Le plâtre est commun dans le voisinage de Puerto-Plata et de Neybe. Il y a une carrière de marbre à quelques lieues de Santo-Domingo. On trouve dans toute la colonie, une terre propre à la poterie, mais principalement du côté de Cotuy et de la Vega. Les habitans en font des chaudières aussi minces que nos ustensiles de cuivre. Entre l'Isabélique et Puerto-Plata, est une couche de grès excellent pour faire des meules.

Dans le territoire de Guaba, on trouve du porphyre, de l'albâtre et du jaspe de toutes les couleurs. Cet avantage est commun à Banique et à Saint-Jean. Un habitant de Banique m'a assuré qu'il y avoit été trouvé des diamans : c'est le sentiment de Volverde et de plusieurs

écrivains. La montagne de Maimon recèle une mine de cuivre bien constatée,
puisqu'elle étoit exploitée en 1747, et
qu'elle fut abandonnée d'après un ordre
du président. Dans cette mine se trouve
un excellent *lapis lazuli*, et une espèce
de craie préférable au bol pour dorer. Il
y a une mine de mercure dans l'endroit
où est bâti le couvent des Cordeliers à
Santo-Domingo; il en existe une autre
près de Sant-Yago. Les mines d'or du
Cibao, celles de Saint-Christophe sur la
Jayna, où fut trouvé le fameux grain
d'or dont parlent *Oviedo* et *Ulloa*, ne
furent abandonnées qu'après l'extinc-
tion des naturels. Ce que nous lisons de
leur produit, dans les auteurs espagnols,
porte à croire qu'elles doivent être encore très-riches. On sait d'ailleurs que les
premières exploitations consistoient en
fouilles superficielles, et qu'il n'y eut
qu'un petit nombre de mines travail-
lées en grand.

Je terminerai cet article , en indiquant qu'il existe à Neybe une montagne de sel marin fossile , dont les Espagnols font beaucoup de cas. Elle est affermée aujourd'hui pour une somme de trois cents gourdes , laquelle avoit été affectée aux dépenses de l'administration municipale de Neybe , sous l'agent Roume.

Végétaux.

Il seroit difficile de peindre toute la pompe du règne végétal. Les montagnes et les plaines sont couvertes d'une immense variété d'arbres, dont plusieurs sont précieux par leurs productions. Par-tout on voit aussi des arbustes qui donnent des fruits excellens. La nature semble avoir placé dans la plupart, des acides conservateurs de la santé, sous un ciel où la chaleur amène les différentes substances à la putridité. J'ai lieu de croire que si l'on greffoit les arbres à fruits, on amélioreroit les espèces. Ceux qui se livrent à l'étude de la botanique, savent de quels succès ont été couronnés les travaux des savans qui ont parcouru cette colonie.

Parmi les plantes utiles, on doit classer le *pite*, que l'on emploie à faire des sacs et des cordes. On en importoit annuellement, dans la partie française, pour une somme d'environ six mille gourdes.

Contens des productions du pays, les créols espagnols n'ont encore naturalisé qu'une faible partie des végétaux de l'Europe, qui ont si bien réussi dans la partie française. Le dattier avoit été transporté avec succès à Santo-Domingo et au Banique. Soit négligence, ou toute autre cause, cet arbre, tout-à-la-fois utile et précieux, est disparu. On ne trouve dans leurs jardins que le pimentier, le thym et la pomme d'amour.

Animaux.

Colomb ne trouva dans l'île que quatre espèces de quadrupèdes, qni ont cessé d'exister, et dont les auteurs espagnols ne nous ont donné qu'une description imparfaite. C'est de l'Europe qu'on y a apporté les bêtes à cornes, le cheval, l'âne, la brebis, la chèvre et le cochon. Ils s'y sont propagés d'une manière prodigieuse. Les bêtes à cornes n'ont aucunement dégénéré. Elles sont de belle taille, et n'ont pas moins de vigueur qu'en Europe.

Il y a long-tems que l'éducation du bétail est tombée dans un abandon nuisible. Les obstacles que l'on mettoit à leur introduction dans la partie française, jetèrent le colon dans le découragement. Dès qu'il ne vit plus dans le produit de ses hâtes, un moyen sûr et libre de fournir à ses moyens, il n'en fit plus l'objet de ses soins. A une épidémie survenue dans l'île , se sont jointes pour compléter la ruine du hâtier , des réquisitions sans nombre de la part des Espagnols , des Anglais et des Français.

Cependant comme les hâtes doivent assurer la subsistance de la colonie , il est urgent de stimuler le zèle des propriétaires en faveur de leurs troupeaux. D'après le recensement fait en 1780 , par ordre du président , il y avoit deux cent mille bêtes à cornes , sans y comprendre celles qui étoient exemptes du tribut. Telle a été la dévastation , qu'on n'en trouveroit peut-être pas cent mille aujourd'hui.

On distingue trois espèces de chevaux ; les uns vifs très-fins , servent de montures et d'étalons.

Les autres , moins beaux , servent à l'attelage , et même de montures.

Les troisièmes, sont employés au transport des denrées et des marchandises.

Depuis quelque tems , plusieurs colons ont tiré des étalons de l'Amérique septentrionale , et se sont procuré un nouvelle espèce qu'ils appellent *bâtards anglais* , et dont ils font beaucoup de cas.

Ceux de Sant - Yago , de Neybe , d'Azua et de Saint-Jean , obtiennent la préférence.

Les mulets sont plus petits que ceux de la Terre - Ferme ; ils ne sont pas non plus aussi dociles. Quoique le mulet soit plus facile à nourrir que le cheval , les colons espagnols ne se soucient pas beaucoup d'en élever , parce que le muleton est sujet à périr avant la troisième année. Ils n'en vendoient qu'un petit nombre dans la partie française.

Les ânes réussissent très-bien : il en passoit environ quatre cents annuellement chez les Français.

Le nombre des bêtes cavalines et asines , s'élevoit avant la révolution à cinquante mille. J'ai lieu de croire qu'il est diminué de moitié.

On élève une grande quantité de cochons, à-peu-près comme en Europe.

Indépendamment de cette ressource, l'habitant peut encore s'approvisionner par la chasse des cochons - marrons, dont les forêts sont remplies. Il y a même des individus qui font un métier habituel de cette chasse.

Quoique les brebis réussissent très-bien, les Espagnols n'en élèvent pas une grande quantité. Il est des cantons où ils nourrissent beaucoup de chèvres. Il seroit à desirer qu'on y introduisît cette espèce de chèvre africaine, qui est connue sous le nom de *Capra Lybica*. Son poil, qui est long et soyeux, deviendroit un jour un objet de commerce.

Gibier.

Toute la partie espagnole est extrêmement giboyeuse. On y voit cinq espèces de ramiers qui parcourent l'île par nuées dans certain tems. Il est aisé d'en tuer la quantité que l'on veut.

Les pintades-marrones, qui ne cèdent à aucun gibier en saveur, sont aussi très-nombreuses et réunies par bandes. Quatre espèces de tourterelles, des canards sauvages, des sarcelles et des spatules, servent à l'approvisionnement et au luxe des tables.

On trouve des faisans et des flamans aux bords des rivières, mais principalement à Neybe et à Azua. Le paon royal se plaît dans ces parages.

Poissons.

La mer, les rivières et les ruisseaux offrent avec prodigalité des poissons de toute espèce. Je me contenterai de nommer le mulet, l'alose, le rouget, le besugo, la sardine, la dorade, la truite, la carpe, le brochet, le lamentin. On peut encore faire mention des crabes, des coquillages nourriciers, des tortues de mer et de terre, et sur-tout des huîtres.

Animaux dangereux.

On ne connoît aucun animal car-nassier, si ce n'est le cayman. La mor-sure de la couleuvre n'est pas dange-reuse. Il y a néanmoins des reptiles à redouter ; telle est la bête à mille pattes, tel est encore le scorpion.

On voit dans les Savanes une mouche verte qui s'attache aux écorchures des animaux. Elle y pose un œuf qui se change en un ver ; ce ver occasionne souvent la perte de l'animal.

Le moustique est là, comme dans tous les pays chauds, un insecte fort incommode.

Population.

Avant la prise de possession par Tous-sain, la population étoit présumée s'é-lever à cent-vingt-cinq mille ames, dont cent dix mille étoient libres , et quinze mille esclaves ; ce qui ne donnoit pas quarante individus par lieue quarrée.

Un long séjour parmi les créoles espagnols m'a mis à même de me convaincre qu'ils sont bons, traitables et hospitaliers. Ils aiment sincèrement ceux qui ne les méprisent pas, et qui se conforment à leurs usages. Un mauvais traitement ne s'oublie pas aisément chez eux. S'ils ne sont pas fort instruits, ils ont tous du bon sens, et sur-tout un excellent jugement. Ils tiennent à leur religion, mais sans intolérance. Le reproche d'indolence qu'on leur fait assez généralement, n'est pas mieux fondé. L'état d'inertie où ils ont langui, doit plutôt être attribué à leurs gouvernans, qu'à une propension caractérisée pour l'oisiveté. Je crois que s'ils étoient rassurés sur leur sort, ils deviendroient bientôt nos rivaux. Jamais ils n'ont parlé qu'avec enthousiasme, devant moi, des prodiges qu'opéroient nos armées. Ils formoient les vœux les plus ardens pour devenir Français. Le soin de leurs troupeaux et la culture d'un peu de tabac, forment leur occupation principale.

Le sexe y est agréable ; il plaît par son affabilité envers les étrangers. Son occupation ordinaire se borne aux travaux intérieurs du ménage.

Revenu public.

Le revenu public provenoit autrefois de différentes contributions, telles que la dîme qui rapportoit cinquante mille gourdes, les vacances, les bulles de la crusada, le droit d'alcavala, les demi-annates, la vente des charges, le privilège de vendre certains objets pour le compte du roi, et finalement le droit perçu sur les animaux que l'on exportoit dans la partie française. Ce dernier article produisoit seul environ cinquante mille gourdes. En portant à quatre-vingt mille gourdes, les autres rétributions, nous aurons une somme d'environ cent quatre-vingt mille gourdes.

Comme les frais d'administration s'élèvent à plus de quatre cent mille, il falloit que le *deficit* se remplît par des envois d'argent qui arrivoient de la Havane. Depuis la prise de possession, on a non-seulement laissé subsister les différens impôts existans, mais on a encore surchargé les habitans d'une taxe sur chaque tête de bétail. On vend de plus le privilège des bestiaux, dans la partie française.

Notes historiques.

Après la destruction des Indiens, les Espagnols se virent propriétaires d'un territoire vaste et riche qu'ils auroient pu cultiver. Il falloit un autre aliment à leur cupidité, il leur falloit de l'or. Ce fut pour courir après ce métal séducteur, que les plus riches passèrent à la Terre-

Ferme. Il ne resta que les plus pauvres, qui furent, en quelque sorte, oubliés de la métropole. Ils y menoient une vie tranquille, quand les flibustiers tentèrent de s'établirent sur les côtes occidentales de l'île. Les Espagnols qui redoutoient le voisinage de pareils hôtes, leur firent une guerre sanglante, qui ne cessa qu'à l'avènement de Philippe V au trône d'Espagne. Par une cédule de ce roi, en date du 20 mai 1715, les Français furent autorisés à jouir de ce qu'ils possédoient. Les limites n'ont été tracées qu'en 1776.

Instruction publique.

Le manque d'instruction que l'on reproche aux créoles, vient de ce qu'il y a peu d'endroits consacrés à l'enseignement public, et qu'ils ne sont pas à portée de ceux qui existent. Aussi les campagnards aisés savent-ils à peine lire et écrire.

Les jésuites avoient fondé un collège à Santo-Domingo, en 1735. C'est à Philippe IV qu'est due la fondation de l'université.

Depuis long-tems, il y avoit des maîtres d'école dans les principaux bourgs.

Principales communes.

Les deux principales villes sont Santo-Domingo et Sant-Yago.

Santo-Domingo, bâti sur un plateau qui domine le port et la rade, a, dans ses rues tirées au cordeau, une apparence agréable. Tout autour de la ville est un rempart qui a huit pieds d'épaisseur et dix-huit de hauteur. Le climat en est fort tempéré. La cathédrale est construite en pierres de taille, prises à peu de distance de la ville. Elle a une nef et deux bas côtés. On admire la hardiesse et la solidité de sa voûte, qui a résisté à divers tremblemens de terre. C'étoit-là que reposoient les cendres de

3..

Colomb, que l'on a transportées à la Havane.

Santo-Domingo avoit trois paroisses, trois couvens d'hommes, et deux monastères de femmes.

On y comptoit trois hôpitaux.

Sant-Yago est situé sur un plateau qui domine l'Yaqui. Cette ville n'a jamais eu d'enceinte ; elle a une grande place et des rues très-bien alignées. Ses maisons sont de pierre, pour la plupart, ou de briques. On y compte plusieurs églises. Les autres communes sont Neybe, Azua, Bani, Seybo, Bayaguana, Monte-Plata, Boya, Higuey, Samana, Samana - la - Mar, Puerto-Plata, Monte-Christ, le Cotuy, la Vega, Laxavon, Saint-Raphaël, Hinche, Banique et Saint-Jean. Chacun de ces établissemens a une église ou une succursale.

Antiquités.

Les antiquités se réduisent à quelques

fragmens des ustensiles dont se servoient les Indiens, des restes de sabres faits avec le bois de palmiste, des morceaux d'or façonnés grossièrement. On trouve par-tout, et sur-tout dans les cavernes, des ossemens humains et quelques fétiches mal sculptées.

CHAPITRE II.

Economie rurale.

Quoique les Espagnols aient les premiers cultivé avec succès la canne à sucre, l'indigo, le rocou, le gingembre, et qu'ils aient eu de riches habitations, il est toujours vrai de dire que les cultures sont aujourd'hui dans l'enfance.

Il n'y a dans toute la colonie que vingt-quatre sucreries, dont la plupart ne sont que des tourniquets qui donnent du syrop : il se consomme en nature, ou est métamorphosé en taffia.

Les premières cannes à sucre furent

apportées des Canaries, par un nommé Aguilon, et ce fut à un chirurgien nommé Vellosa, qu'on en dût la propagation, ainsi que le premier moulin à sucre.

Le café qui réussit par-tout, est peu cultivé.

Il paroît que le cacao est indigène. Après la découverte, on en récoltoit une forte quantité que l'on expédioit pour l'Europe. Cette culture a diminué comme toutes les autres; à peine en a-t-on pour la consommation de la colonie. Les coups de vents que l'on éprouve dans la partie du sud, sont peut-être la cause de l'abandon du cacaoyer. On pourroit le planter dans la plaine de la Vega, où les chaînes du Cibao et de Monte-Christ, le protégeroient contre ce fléau.

Il y a long-tems qu'il ne reste plus que quelques vestiges de la culture du rocou et de l'indigo. On doit en dire autant du gingembre.

Quoique le tabac puisse réussir dans toute la colonie, il n'est guère cultivé que dans les territoires de Sant-Yago, de la Vega et du Cotuy. La qualité qui en est généralement bonne, égale quelquefois celle du tabac de la Havanne. Les Français ont toujours préféré celui qui est en andouilles, à celui des Etats-Unis. C'est donc vers cette culture que doit être dirigée l'industrie des créoles, parce qu'elle a toujours été aux Antilles, la mère nourricière des autres. On parviendroit même à les fixer à ce travail, en prenant leur récolte à un prix avantageux.

C'est ce qu'avoit fait le roi d'Espagne. Les tabacs du Cotuy arrivoient à la mer par l'Yuna, rendue navigable pour ce transport. Alors une partie de l'argent que nous donnons aux Américains, auroit une destination plus conforme à nos intérêts. Les Espagnols cultivent encore le riz qui est supérieur à celui des Carolines, le maïs, le mil et même le blé. Ce dernier article réussit très-bien à Sant-Yago, et dans la vallée de Constance.

J'ai mangé à Sant-Yago, du pain provenant du blé indigène. Il étoit égal au meilleur pain d'Europe.

En examinant cette surface immense de terres incultes, on seroit tenté de croire que le terrain est au premier occupant : il n'en est rien. La majeure partie de cette colonie a été concédée. Une grande quantité de colons ne possède même un lot, qu'à la charge d'une redevance. Il seroit très-avantageux de les rendre propriétaires directs, parce que c'est un moyen de réveiller leur activité.

Pâturages.

Il y a des pâturages qui sont communs, et d'autres qui, en vertu d'une concession, appartiennent à des particuliers. Ces pâturages ne sont autre chose qu'une vaste prairie naturelle, presque toujours environnée de bois et bien arrosée. Quand une longue sécheresse ravit aux animaux les moyens d'exister, ils entrent dans le bois d'où ils ressortent après les pluies. Telle est la force de la végétation, qu'après quelques journées de pluie, une savane desséchée reprend sa première verdure.

Labourage.

On ne fait aucun usage de la charrue, quoiqu'elle pût être très - avantageuse pour les champs, que l'on destine à être ensemencés en tabacs, en maïs, en riz, en patates et autres productions. Le conservatoire des arts, sur la demande du ministre de la marine, en avoit fait confectionner des modèles qui devoient m'être adressés. Le malheur des tems mit un obstacle à un projet aussi utile.

Bois.

Les forêts renferment des arbres bons à tous les usages. On compte parmi les plus précieux, l'acajou franc et moucheté. L'acajou franc est plus commun vers l'est de l'île, que par-tout ailleurs. Quant au moucheté, c'est à ceux d'Azua qu'il faut donner la préférence. Le bois de Brésil croît encore avec abondance dans le territoire d'Azua et de Bani.

Le gayac, le chêne roble, le noyer, l'érable, le bois de fer, la sabine, le baume verd, le pin, le cèdre, l'ébène, le bois marbré, l'acomat, tapissent partout le bord des rivières et le sommet des mornes. Il est sorti autrefois, et il sort encore aujourd'hui des ports de la colonie, des navires construits avec les bois du pays.

Plusieurs Français, depuis la cession de la partie espagnole, ont commencé des exploitations forestières du côté de Puerto-Plata.

L'épuisement de nos forêts, les besoins de nos ports, et l'avantage de verser notre argent sur un sol qu'il importe de fertiliser, tout nous annonce la nécessité d'y exploiter pour le compte de la marine. Vingt rivières navigables serviront à faire arriver les bois à la mer.

Non-seulement il convient que la marine exploite pour son compte, mais il convient encore qu'elle achète les arbres utiles qu'auront abattus les colons. Le commerce trouvera aussi des avantages réels dans l'achat du campêche, du fustet, et de tout ce qui peut servir au luxe de nos maisons. D'après des calculs que j'ai été à même de faire sur les lieux, j'ose avancer que ces bois ne nous coûteront pas plus que ceux de l'intérieur de la France.

Quand même la journée de l'ouvrier seroit de la moitié plus chère qu'en Europe , cette assertion n'en seroit pas moins vraie , parce que la nourriture des bœufs ne coûte rien , et que les travaux devant avoir lieu sur les bords des rivières et de la mer , on économisera sur les transports , de qùoi rétablir la balance.

Les belles pinières de Samana et de Neybe , présentent encore une utilité réelle. Comme on reproche aux pins d'être trop gras , on pourroit les saigner , en extraire la résine , pour les rendre propres à divers services.

Abeilles.

La végétation continuelle des plantes, et la succession non interrompue des fleurs , favorise extrêmement la propagation des mouches à miel. Il s'en faut de beaucoup que l'on s'occupe , comme il conviendroit , d'une branche de revenu d'autant plus considérable qu'elle n'exige que très-peu de frais.

Oiseaux de basse cour.

Il n'est aucun climat où la volaille réussisse mieux qu'à Saint-Domingue. Néanmoins les Espagnols n'en élèvent qu'une petite quantité. On y trouve communément les mêmes espèces qu'en France.

Habitations rurales.

En général les maisons n'ont aucune espèce de luxe ; elles manquent même d'une partie des commodités nécessaires. On les construit le plus souvent avec l'écorce du palmiste, que l'on applique par étage à des piliers plantés dans la terre. On couvre ensuite le sommet avec les feuilles du palmiste, ou du latanier. Les campagnards n'ont pour s'éclairer que des chandelles de résine, ou des morceaux de pin et de bois chandelle. Il arrive aussi qu'ils mettent du suif avec une mêche dans une espèce d'écuelle de terre. Une table, qui n'est autre chose qu'une planche d'acajou , leur sert tout-à-la-fois pour entreposer leurs viandes , et pour prendre leurs repas. Ils couchent habituellement sur une peau , ou sur des planches de palmiste. Pendant les chaleurs du jour , on les voit juchés dans un hamac , qu'ils ont soin de faire mouvoir pour se rafraîchir. Quelques chaudières et quelques gamelles composent toute leur batterie de cuisine.

Alimens.

La nourriture des Espagnols est ordinairement la chair de bœuf et de cochon, à laquelle ils donnent différentes préparations , en y ajoutant du piment, du thym et des pommes d'amour. Ils ont encore une ressource dans la volaille de leurs habitations , et dans le poisson qui est abondant. Leur boisson ordinaire est l'eau ; on en voit très-peu qui boivent habituellement du taffia. L'usage du café pour déjeûner , et du chocolat pour souper, est assez général parmi eux. Au lieu de pain ils se servent de riz, de patates, de bananes, d'ignames et de cassave. Les femmes ne prennent pas leurs repas avec les hommes.

Valeur des terres.

Les terres sont bien loin d'avoir aujourd'hui la valeur qu'elles auront un jour, puisqu'on en peut acheter de très-bonnes à six francs l'arpent. Ce bas prix vient d'abord de la défense faite aux étrangers, avant la révolution, de s'établir dans la partie espagnole ; ensuite de ce que les propriétaires incertains de leur sort, ont cherché à vendre pour s'en aller.

Main-d'œuvre.

La journée d'un homme que l'on emploie à la culture des terres, à l'abatage des bois, ou à d'autres occupations rurales, est ordinairement de quatre réaux de Plata, qui font environ cinquante-trois sols tournois. Il arrive même qu'on en trouve à meilleur compte.

Commerce intérieur et extérieur.

On a vu par ce qui a été dit, à quel état de pauvreté étoit réduite la partie espagnole, et qu'elle ne pouvoit avoir que de faibles relations avec sa métropole, qui la laissoit fréquemment dans la privation des objets les plus nécessaires. Elle payoit avec du sucre brut, des cuirs, des bois et des piastres, le petit nombre de cargaisons qu'elle recevoit.

C'étoit dans la fourniture des bêtes à cornes, pour la partie française, que consistoit son principal commerce. On peut évaluer à onze mille têtes les envois de ce genre. Chaque tête, les frais de conduite et de passe y compris, valoit de vingt-cinq à trente gourdes. Les Espagnols fournissoient en outre des chevaux, des mulets, des viandes fumées, des sacs et des cordes, faits de plantes filamenteuses, des cuirs et un peu de tabac. Tous ces objets réunis formoient un total de trois millions, dont ils reversoient une grande partie chez nous pour payer les articles de nécessité et de luxe qu'ils achetoient.

Cette guerre ayant occasionné la dévastation des hâtes, les fournitures ne s'élèvent qu'à un tiers de ce qu'elles étoient autrefois. Les cultures ayant aussi éprouvé une grande diminution par le départ de beaucoup de propriétaires, il s'ensuit que cette colonie retomberoit bientôt dans le néant, si un systême régénérateur tardoit à avoir lieu.

Ce sont les Américains qui les approvisionnent actuellement, et auxquels ils livrent un peu de sucre, quelques cuirs, des bois d'acajou, de Gayac, de teinture, et des piastres.

Les transactions intérieures consistent dans la vente du tabac, des bestiaux et de quelques merceries.

Chemins.

Il n'y a pas de doute que les premiers Espagnols aient ouvert des communications entre les différens points de la colonie. Le commandant Ovando avoit fait faire au commencement du seizième siècle, un superbe chemin qui conduisoit de Puerto-Plata, à travers la chaîne de Monte-Christ, et la plaine de la Vega, aux montagnes du Cibao. De la plaine de Constance, par où il passoit, on gagnoit celle de Saint-Jean.

Les principales routes sont aujourd'hui, celle qui mène au Cap par le Cotuy; et celle du même lieu, pour le Port-au-Prince. Si l'on veut se rendre au Cap par cette dernière, on suit quand on arrive à la rivière de Tavora, le chemin de Saint-Jean. Indépendamment de ces deux routes, il y en a beaucoup d'autres par lesquelles on communique d'un endroit à l'autre. En général, ces routes sont mauvaises et presqu'impraticables.

Navigation intérieure.

En parlant de la rivière d'Yuna ; j'ai observé qu'elle étoit navigable jusqu'au Cotuy. Avec quelques travaux, on parviendroit à la rendre telle, jusqu'à la Vega. Le jour n'est peut-être pas éloigné, que l'on songera à ouvrir un canal qui, joignant le Camu à l'Yaqui, facilitera les communications par eau, de la baie de Samana avec celle de Monte-Christ. L'Ozama est également navigable jusqu'à dix lieues au-dessus du port. Il faut pour que la Neybe le devienne, qu'une partie de ses eaux soit réunie dans un même canal. Le tems seul peut amener les améliorations dont sont susceptibles quelques autres rivières.

Petites îles sur la côte.

On trouve sur les côtes de la partie espagnole, plusieurs petites îles, qu'il est essentiel de faire connoître.

La plus voisine des limites dans le

sud, est le Béate, dont le terrain est très-fertile.

A deux lieues de la Béate, est Attavele, ainsi nommée de sa forme élevée qui, dans le lointain, lui donne l'apparence d'un vaisseau couvert de voiles.

L'île Catherine, située à quinze lieues est de l'embouchure de l'Ozama, jouit d'un sol égal à celui de la Grande-Terre. Plus loin, et toujours à l'est, se trouve celle de la Saône, qui a huit lieues de long et deux de large. Elle est coupée par trois montagnes qui fournissent les sources qui l'arrosent et la tempèrent. Ses habitans fournissoient autrefois des approvisionnemens à Santo-Domingo. Le gibier y est si abondant, qu'il y attire beaucoup de chasseurs.

Dans le canal de Porto-Ricco, sont deux îlets appelés *Mona* et *Monilla*. La Mona est propre à la culture et à l'éducation du bétail. Elle fut donnée au frère de Christophe Colomb, en 1512. L'autre n'est pas de grande valeur.

A huit lieues nord-est de ces deux îles, est l'îlet de *Desecho*, qui n'est qu'un monticule couvert de bois.

Vues générales.

Comme il est hors de doute que les Européens peuvent s'aclimater sur les hautes montagnes, et s'y livrer à divers genres de culture, il me paroît convenable d'y faire passer des familles européennes. On ne composeroit pas la nouvelle peuplade, comme le furent celles du Mississipi et de la Guiane. Il faut pour un pareil établissement des hommes vigoureux. On conçoit qu'une colonie qui auroit dans son sein une pépinière d'hommes robustes, en recevroit un avantage considérable.

Ils en seroient le boulevard le plus sûr. Il convient sur-tout que la population des créoles espagnols s'accroisse ; et pour cela, il faut accorder des terres à ceux qui n'en possèdent qu'à la charge d'une redevance.

Le sol est si riche et si varié, qu'il doit attirer, de toutes les Antilles, une affluence de cultivateurs colons.

On parviendroit à exploiter quelques mines, mais principalement celle de Maimon, en y transportant les hommes que la loi a rejetés de la société.

Comme la défense de la colonie, et la protection du commerce, dépendent de l'établissement de la baie de Samana en chantier maritime, il est à desirer que nous nous y établissions le plutôt possible. La nature a tout fait pour rendre ce poste extrêmement avantageux. L'entrée, qui peut être défendue par une batterie croisée, un mouillage sûr pour les gros vaisseaux, les bois de construction qui abondent à vingt lieues à la ronde, et qui peuvent y arriver de plus loin encore par l'Yuna ; tout plaide en faveur de cette position.

Je terminerai cet exposé par une observation bien sensible. Si la partie espagnole venoit à être rétrocédée, il en résulteroit le plus grand inconvénient pour la partie française. La cour de Madrid ne manqueroit pas de faire une invitation aux habitans des Antilles, pour venir s'y établir. Alors, on verroit les colons français y accourir de tous côtés, et y apporter une industrie qui seroit perdue pour nous.

La Louisiane, dont quelques écrivains ont parlé comme compensation, ne sauroit être mise en parallèle. Un pays noyé, qui n'a avec la mer de communication que par un fleuve, dont l'embouchure est obstruée par des barres mobiles, dont les postes habités sont trop loin pour se secourir, et qui ne donnant au commerce que pour deux millions de denrées, ne peut se passer des trois cent mille gourdes qu'y verse annuellement le roi d'Espagne, ne mérite pas qu'on sacrifie l'attente d'un siècle, et les vœux de nos marins les plus instruits.

Cette assertion n'est pas le rêve d'une

tête systématique ; elle est basée sur les notions que j'ai acquises par les voyages que j'ai faits dans ces deux contrées (1). D'ailleurs la population de la partie espagnole, qui est de cent vingt - cinq mille ames, est d'autant plus précieuse, qu'elle se compose de colons plus acclimatés qu'aucune autre espèce d'hommes. Aucune colonie ne s'est jamais présentée à une nation industrieuse avec les mêmes avantages.

------

(1) Sur la demande du ministre des relations extérieures, Charles Lacroix, j'ai remis un mémoire sur cet objet, dans lequel je suis entré dans de plus grands développemens.